GRIECHENLAND

KARL MÜLLER

Übersetzung: Sabine Krause
Gestaltung: Patrizia Balocco

Via C. Sassone 22/24
13100 Vercelli, Italien

2003 Herausgegeben in Deutschland
von Verlag Karl Müller GmbH
www.karl-mueller-verlag.de

ISBN 3-89893-571-X

Gedruckt in Singapur

INHALT

Links *Auf der kleinen Insel Santorin gibt es 365 Kirchen.*
Rechts *Die an der Küste aufgereihten Windmühlen sind eine besondere touristische Attraktion der Kykladeninsel Mykonos. Ihre Mauern, strahlend weiß wie alles hier, werden jedes Jahr neu getüncht.*
S. 2/3 *Hoch oben auf der Akropolis, jenem Hochplateau aus Kalkstein, das die Attische Tiefebene und die Hauptstadt beherrscht, prangt die »Hochstadt« mit ihren klassischen Bauten.*
S. 4/5 *Diese Aufnahme zeigt einen Ausschnitt der mit Reliefs reich verzierten Westseite des Parthenon.*
S. 6/7 *Die zwanzig Klöster und die zahlreichen in die Felswände des Athosberges eingegrabenen Einsiedeleien beherbergen insgesamt 1200 Mönche.*

MYTHOS UND REALITÄT

ZU DEN WURZELN DES ABENDLANDES

Eine Reise nach GRIECHENLAND ist wohl für die meisten von uns eine Reise in die Antike. Vor unserem geistigen Auge erstehen weitläufige Tempelanlagen mit herrlichen Marmorstatuen und Wandfriesen, und große Namen kommen uns ins Gedächtnis: *Archimedes, Sokrates, Platon* und *Aristoteles, Sophokles* und *Sappho,* vor allem aber *Homer* und sein Held *Odysseus.*

Dieses verklärte Bild, das wir auf der Schulbank, aus den altehrwürdigen Schilderungen erworben haben, zeigt jedoch nicht das ganze GRIECHENLAND. Es sind die eigentlichen, ein wenig schwerblütigen, ernsten Bewohner, die über die Jahrhunderte diese Landschaft geprägt haben: die kleinen Dörfchen, die sich bergan schlängelnden Pfade, wo in kleinen Kapellen Öllampen vor den Ikonen des *Hl. Elias* glühen, dem Schutzpatron der Berggipfel; oder die schimmernden Leuchtfischerboote, die sich auf dem Meer »versammeln um den herrlichen Mond, der am hellsten funkelt über der Erde«, wie *Sappho* einst dichtete.

Die geheimnisvolle Faszination dieser südlichen Landschaft liegt vermutlich in der Verheißung dieser antiken und heutigen Bilder, derentwegen sich Jahr für Jahr Tausende von Touristen aufmachen, um mit dem Enthusiasmus der *Argonauten* die Umschiffung der griechischen Inseln zu wagen.

Für all jene, die Poesie und Lyrik bisher nur im Schweiße ihres Angesichts aus Schulbüchern erlebten, wird *Mnemosine,* in der die Alten die Fähigkeit zur Erinnerung personifizierten, zur Schutzheiligen dieser Pilgerfahrt in die Vergangenheit. So erging es wohl auch *E. A. Poe,* der allein schon in den Buchstaben des griechischen Alphabets einen tieferen Sinn verborgen glaubte.

Nun sollte man keineswegs zurückscheuen vor der gewaltigen kulturellen Bedeutsamkeit dieser Nation, denn auch an der Wiege der westlichen Zivilisation waren natürlich schon seit jeher Möglichkeiten des Ausgleiches vorgesehen, sozusagen als Gegenstück zum »tragischen Geist«, der damit erst seine Glaubwürdigkeit und Wirksamkeit sicherte. Dieses Prinzip beherzigten später ja die *Römer* in besonderer Weise, auch wenn sie mißbräuchlich argumen-

Nur fünfzehn dorische Säulen blieben von dem Tempel, der im 6. Jahrhundert v. Chr. am Kap der Weisen zur Verehrung des Gottes Poseidon errichtet wurde. Auf einer von ihnen sind die Namenszüge von Besuchern erhalten, darunter auch jener von Lord Byron.
S. 10/11 *Thera, Hauptort der Insel Santorin, steigt mit seinen blendendweißen Terrassen scheinbar aus dem Meer.*
S. 12/13 *Nicht ganz ungefährlich sind Griechenlands Gestade. Schon manches Schiff ist an ihnen gestrandet.*

tierten: »Semel in anno licet insanire« (Einmal im Jahr närrisch sein ist gesund), oder auch das ITALIEN des Mittelalters, das sich in Narrenfesten von der Strenge des christlichen Dogmas befreite.

In Wahrheit ist *Dionysos*, Gott des Weines und der Zügellosigkeit, der Altmeister jeglicher Ausschweifung. Zu seiner Verehrung ermunterten Dichter wie *Alkäus*, der dem Wein heilkräftige Wirkung zuschrieb, und dem »Helden« zur Heilung jeglicher Leiden »Wein in Strömen« empfahl. Von *Alkäus* stammt auch der Spruch »Ja, ein Spiegel ist der Wein dem Menschen«, der dem Wein als Mittel der Selbstbeobachtung und Selbsterkenntnis huldigt.

Reichlich Wein, wie beispielsweise den süßen *Mavrodaphne*, bekommen wir in den verrauchten *kafenion* der ATHENER Altstadt serviert, von Kellnern mit hochtrabenden Namen wie *Perikles* oder *Themistokles*, die die Bestellungen laut brüllen, um die Klänge des *Sirtaki* zu übertönen. Und wie in ATHEN oder anderswo auf dem Festland den *Sirtaki*, tanzt man in der ÄGÄIS oder auf KRETA (der Insel *Alexis Sorbas'*) die *Sousta*, deren wirbelndes Temperament von *Kasantzakis* folgendermaßen geschildert wird: »Er stürzte sich in den Tanz, klatschte in die Hände, sprang und wirbelte in die Luft, fiel mit gebeugten Knien wieder zu Boden und sprang aus dem Sitz wieder empor, als ob er aus Gummi sei. Und immer wieder flog er in die Luft, als hätte er Flügel, um die erhabenen Gesetze der Natur zu bezwingen und im Nichts zu verschwinden.«

Unweit von KRETA, auf SKYROS, bringen kühne Jünglinge einmal im Jahr Verwirrung ins tägliche Leben, wenn sie – als Ziegenmenschen vermummt – einem unerschrockenen kollektiven Ritus frönen, der an Feuer und Hingabe in nichts den Tänzen nachsteht, denen sich einstmals die in Rehhäute gehüllten *Mänaden* auf den Gebirgen des antiken HELLAS hingaben.

Ob wir das griechische Leben nun frivol und leichtherzig angehen oder ob wir eine mehr »akademische« Betrachtung bevorzugen – für beide findet der »Zitierwütige« eine Vielzahl hochgelehrter Äußerungen; wurde doch von den Denkern und Dichtern des alten GRIECHENLANDS kein Lebensbereich vernachlässigt. So sei hier nur auf ein sehr treffendes Gleichnis aus der Feder des *Pythagoras* verwiesen, der die menschliche Existenz mit den Festen der *Olympia* vergleicht: Einige kamen, um Geschäfte zu machen, andere, um an den Wettkämpfen teilzunehmen, wieder andere suchten Zerstreuung, und einige – die Philosophen – waren da und beobachteten das Treiben. Und unsere Vorväter waren sehr genaue Chronisten. Warum sollten wir uns also nicht auf die scharfsichtigen Beobachtungen eines von ihnen – *Pausanias* – stützen, wenn wir nun unsere Reise, die uns auf den staubigen Spuren der antiken Ruhmesblätter bis ins Heute führen wird, beginnen.

DAS HEILIGTUM DER OLYMPIA

Die *Periegesen*, ein jahrtausendealter *Baedecker* in zehn Bänden, führen folgendermaßen ins HEILIGTUM DER OLYMPIA ein: »Viele Dinge gibt es bei den Griechen zu sehen und viele Wunder zu vernehmen, doch ist nichts großartiger als die eleusinischen Riten und die olympischen Wettkämpfe«.

Am Fuße des KRONOS-HÜGELS, wo der ALPHEIOS und der KLADEOS zusammenfließen, liegt der heilige Hain des *Zeus*, die ALTIS. Hier befinden sich in der grünen Obhut üppiger Bäume zahlreiche Bauwerke, Stätten der Heldenverehrung, geheimnisvoller Riten und Opfer zur Versöhnung der Götter wie auch Zeugen ausgeklügelter Politik und Militärstrategie. Die ALTIS bildete auch den Rahmen für die leidenschaftlichen Wettkämpfe, über deren Sieger und Besiegte lebensvolle Erzählungen überliefert sind. Die ersten, die sich hier im Wettstreit maßen, waren die (allzu menschlichen) Götter, von denen die uralten – der Phantasie entsprungenen oder von der Geschichte belegten – Mythen berichten. Seit 776 v. Chr. wird die Geschichte OLYMPIAS von Menschen geschrieben, beginnt sozusagen die »Olympiadenrechnung«. Anfangs wurde nur im einfachen Wettlauf um das Stadion (ca. 190 m) gekämpft. Nach und nach kamen andere Disziplinen hinzu: der *diaulos* oder Doppellauf, der *dolichos* oder Dauerlauf, dann der Wettstreit der schwerbewaffneten *Hopliten*, der *penthathlon* oder Fünfkampf, der Faustkampf, die *Pankration* (eine Art Freistilring- und Faustkampf), Wagenren-

Die Bronzestatue des Jünglings von Antykotheras wird im Archäologischen Nationalmuseum in Athen aufbewahrt.

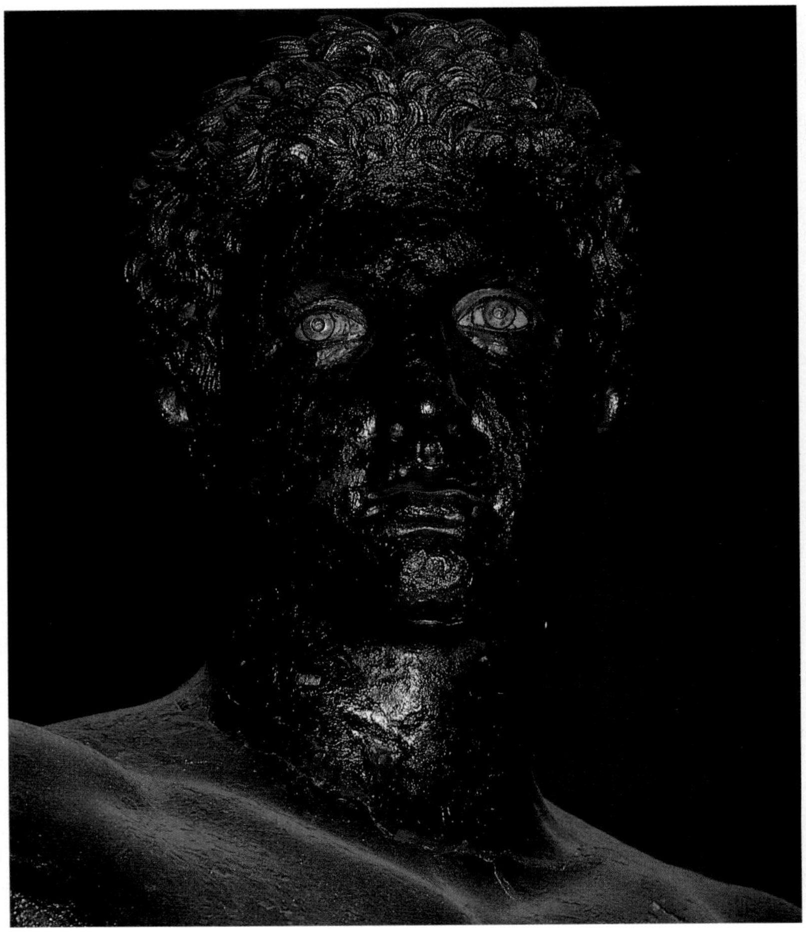

nen und Reiterwettbewerbe. Später wurden auch Knabenwettkämpfe ausgetragen: so war das Heiligtum jeweils nach Ablauf einer vierjährigen Zeitspanne mit eifrigen Aktivitäten erfüllt.

Als die Verehrung des *Zeus* ihren Höhepunkt erreichte, wurde der Bau eines gigantischen Tempels in Angriff genommen, der zum Hüter eines der sieben Weltwunder bestimmt war. Er erhob sich im Mittelpunkt des heiligen Bezirks, und der Besucher war gehalten, im Angesicht der 12 Meter hohen, überwältigenden Statue des *Zeus* jeden ketzerischen Gedanken aus seinem Herzen zu verbannen. Dieses Monument der Gottesfurcht wurde von dem berühmten Athener Bildhauer *Phidias* geschaffen, der eigens eine große Werkstatt am Rande des heiligen Terrains einrichten ließ. Soviel Mühe und Hingabe wurde von seinem »Modell« mit einem Maß enthusiastischer Zustimmung belohnt, wie dies wohl nur wenige unserer Zeitgenossen von ihren Auftraggebern erhoffen dürfen: Der Gott brachte seine Zufriedenheit mit einer solchen Prachtentfaltung durch einen Blitzschlag zum Ausdruck.

Unser illustrer Führer *Pausanias* ergeht sich – und dies ganz zu Recht – in der detaillierten Beschreibung dieses verlorengegangenen Wunders aus Gold und Elfenbein. *Zeus* saß auf einem Thron, den tanzende Siegesgöttinnen und von *Sphinxen* geraubte thebanische Jungfrauen zierten, die in Elfenbein und Ebenholz geschnitten und mit Gold und Edelsteinen besetzt waren. Ließ der byzantinische Kaiser *Theodosius* in seinem Haß gegen alles »Heidnische« dieses Wunderwerk zerstören, oder wurde es vom *Kladeos* verschlungen? Vielleicht wird es eines Tages wieder dort stehen, auch wenn für uns moderne aufgeklärte Menschen heute nur ein Sturzbach ist, wo für unsere Vorfahren ein Gott hauste, der als solcher eben unberechenbar war...

Doch nicht nur die Zwistigkeiten und Launen der Götter veränderten das Bild dieser herrlichen Wettkampfstätte. Die Zeit ließ die Ornamente und lebhaften Farben der unter freiem Himmel stehenden Tympana und Säulengänge verblassen und schuf an ihrer Stelle ein strenges Panorama blendenden Weißes. Heute können wir auf gewundenen Spuren im Schatten der Säulen spazieren oder gemessenen Schrittes in ehrfürchtiger Erinnerung an den einstigen Peristyl umhergehen, durch das Gymnasium und die Herberge, durch die Thermen und das Stadion wandeln.

Während des gesamten Ablaufes der *Olympiaden* galt das Gesetz des »heiligen Waffenstillstands« zwischen den kriegerischen Parteien, denen die gestählten Wettkämpfer angehörten: Damit wurden die – von der Militärpolitik oft untergrabenen – Prinzipien des Friedens gestärkt und die

Oben *Die edlen Züge des Wagenlenkers von Delphi modellierte der Künstler in Bronze; um dem Blick Intensität zu verleihen, wählte er Email.*

Unten *Großen Raum widmet das Archäologische Nationalmuseum den von Heinrich Schliemann in Mykene ausgegrabenen Fundstücken, darunter die berühmte Goldene Maske, die einige für die des Agamemnon halten.*

Spiele durch Kriege nicht gestört. Der Kult erreichte seinen eindrucksvollen Höhepunkt, wenn die Sieger nahe beim Tempel des *Zeus* das Zielband zerrissen und von *Nike*, der Siegesgöttin, empfangen wurden.

Nun gab es in der Menge der athletischen Jünglinge, die sich unter Pinien und Oleanderbäumen, ganz ohne Doping, in kräftezehrenden Übungen verausgabten, auch solche, die mit Übereifer das Motto des *Pittakos* interpretierten, alle sich bietenden Möglichkeiten auszuschöpfen. Heute bestaunen wir die große Zahl antiker Zeugnisse für Korruption: Die *Zanes*, dem Zeusstandbild nachgeahmte kleine Bronzestatuen, wurden von den Strafgeldern jener Athleten hergestellt, die die Regeln verletzt oder ihren Gegner bestochen hatten. Wer also für uns Heutige die Kategorien von Werten, Ethik und Moral formulierte, war der immer gefeit gegen Eitelkeit und Ruhmsucht?

Um ihren Reichtum und ihren Ruhm zur Schau zu stellen, errichteten die Stadtstaaten sogenannte »Schatzhäuser«, kleine Weihtempel, mit denen die *Griechen* als Vorläufer des heute so modernen Werbemäzenatentums in die Geschichte eingingen.

DAS APOLLON-HEILIGTUM IN DELPHI

Begeben wir uns nun zu jenem Heiligtum, das nicht mehr und nicht weniger als den Mittelpunkt der Welt beherbergt. Die Sage berichtet, daß *Zeus* an den beiden entgegengesetzten Enden der Welt zwei Adler fliegen ließ, die sich auf der Höhe von DELPHI im Fluge begegneten. An diesem Punkt wurde ein Stein, der *Omphalos* errichtet, als eindrucksvolles Sinnbild des »Nabels der Welt«. Solche überirdischen Voraussetzungen sicherten diesem Ort, der zuerst der Göttin der Erde, *Gäa*, später jedoch *Apollon*, dem Gott des Lichtes, geweiht war, eine ruhmvolle Zukunft. Dem Besucher, der auf den Spuren der Pilger von vor mehr als 2500 Jahren auf der Heiligen Straße den PARNASSOS emporsteigt, bietet sich dabei ein überwältigendes Naturschauspiel. Die PHAIDRIADEN (die »Leuchtenden«), zwei Felsspitzen, die im Sonnenuntergang rot erglühen, verbindet ein Abgrund, dem der KASTALISCHE QUELL entspringt. In seinen »silbernen Wassern« reinigten sich die Ratsuchenden, bevor sie das berühmteste Orakel der Antike befragten. Die Fragen betrafen alle möglichen Bereiche: die Religion, den Handel, Heiratspläne...bis hin zu komplizierten Problemen der Politik und Kriegsstrategie, und die letzteren waren besonders häufig. Die oft rätselhaften Antworten wurden von eifrigen Priestern in Versform (als Distichon) verkündet. Ursprünglich weissagte nur eine

Gurnia, an der Nordküste Kretas, ist die einzige vollständig freigelegte Stadtanlage aus der minoischen Epoche. Das Ensemble von Häusern und Werkstätten aus dem 17. Jahrhundert v. Chr., von denen nur noch Überreste erhalten blieben, wird durch die gepflasterten Gassen gegliedert.

Pythia, die in der unterirdischen *Cella* des Tempels auf dem heiligen Dreifuß saß. Jedoch in den Zeiten der größten Popularität des Orakels gab es ihrer zwei oder drei, die sich das Recht anmaßten, Geschichte zu machen. Um die prophetische Kraft der *Pythia* zu verstärken, quollen wohl auch berauschende Dämpfe aus einem Felsspalt, oder kaute man vielleicht Lorbeerblätter? Was es auch gewesen sein mag, der seherische Vorgang selbst zeitigte sehr vieldeutige Resultate, und die Ratsuchenden konnten daher den Sinn häufig falsch auslegen. Auch der Lyderkönig *Kroisos* fiel einer solchen Fehlinterpretation zum Opfer. Als Prognose für seinen geplanten Kriegszug gegen die *Perser* hatte die Vestalin in der *Cella* geantwortet, es werde ein Riesenreich zerstört werden. *Kroisos* dachte dabei an PERSIEN, verlor am Ende den Krieg und gab sein eigenes Reich der Zerstörung preis. Die gefährlichen Irrtümer, denen die »Kunden« des Orakels mitunter verfielen, schmälerten seinen Ruhm jedoch in keiner Weise. Man brachte ihm großzügige Weihgeschenke dar, die – weltweit verstreut – den bedeutendsten Museen zur Ehre gereichen. Heute betrachten wir diese Helden mit rostenden Muskeln und Augen aus Email in futuristischen Gebäuden, wo sie in Glaskästen eingeschlossen sind, und es ist auch kein pindarischer Flug mehr vonnöten: Der Tourist kann ohne weiteres die Heiligtümer der verschiedenen Gottheiten betreten, die hier in einem über die Jahrhunderte unverändert gebliebenen Rahmen ihre Botschaft überliefern.

DIE GRIECHISCHEN KLÖSTER

Unsere Reise führt uns weiter zu den eigenartigen »lebenden Museen«, zu den Klöstern der REPUBLIK ATHOS, auf die heilige Halbinsel, die – selbst gut versteckt – die tiefsten Geheimnisse der byzantinischen Kunst birgt. Beim Anblick der atemberaubenden Formen kann man sich des Gedankens nicht erwehren, daß die Natur dieses Stück Erde nicht für irdische Bewohner bestimmt hat. Sich übereinander türmende Hügel und Berge gipfeln in schwindelnder Höhe im Berg ATHOS, und an seinen Abhängen schmiegen sich – wie lichtblaue, ockergelbe und goldrote Nester phantastischer Flugwesen – Einsiedeleien und Klöster in den unwegsamen Fels und mahnen zu Glaube und Buße. Diese Hochburgen des orthodoxen Mystizismus hängen über klaren Wassern, die so unglaublich rein sind, als wetteiferten sie im Befolgen der strengen Askesevorschriften mit denen, die das *diamonitirion* (Erlaubnis) besitzen, die jahrhundertealten Stufen zu überschreiten und im Kloster Aufnahme zu finden. Und im himmelsfarbenen Bogen einer Meeresbucht liegt das Kloster ESFIGMENU, auf dessen Turm eine Fahne mit der Aufschrift »Orthodoxie oder Tod« düster und streng im Winde flattert.

Diese theokratische Republik stand und steht unerschütterlich über den gegenläufigen Tendenzen und Strömungen der Zeiten; beherrscht von einem Geiste, der religiöse Toleranz und absolutistische Strenge in sich vereint.

Die Mönche sind ihrer ethnischen Herkunft nach zum großen Teil *Griechen,* es leben aber auch zahlreiche *Bulga-*

ren in ZOGRAPHUS und *Jugoslawen* in CHILANDARIUS. Und auch russische Mönche gibt es hier, allerdings nur noch einige wenige, hochbetagte, da es in den letzten Jahrzehnten aufgrund der politischen Situation in ihrem Herkunftsland immer weniger Berufungen gegeben hat. Sie bewohnen das Kloster PANTELIMENOS, ein verfallenes Reich orientalischen Glanzes.

Beim Anblick der mediterranen *Macchia,* die die welligen Bergkuppen unter dem griechischen Himmel wie ein weicher, gesprenkelter Mantel einhüllt, empfinden wir ein Gefühl tiefen Friedens, das innerhalb der Klostermauern im »Katholikon«, der von allen Gläubigen geteilten Kirche, in einen himmlischen Kosmos transportiert wird: Den Kirchenraum ziert eine prunkvolle, vielköpfige Versammlung von Heiligen, die sich in der Kuppel in einem Kreis um den Allmächtigen scharen oder gemessen entlang der Pfeilerbögen schreiten, um mit beredter Schönheit ihr eigenes Dogma zu verkünden. Die Wände sind mit blumenverzierter schimmernder Seide bespannt, und in der zauberhaften Harmonie der leuchtenden Farben erstrahlen die Heiligenbilder in feierlicher Würde. In dieser berückenden Atmosphäre werden die heiligen Messen zelebriert, und der Beobachter spürt, wie eng Glaube und Schönheit hier miteinander verwoben sind. Ora et labora – gemäß dieser Tradition leben die 1500 Mönche der zwanzig Athos-Klöster in zahlreichen weltabgeschiedenen »Zellen« für »Familien« (aus drei Mönchen), in kleinen Dörfern oder auch in winzigen Einsiedeleien, die auf dem nackten Felsen über dem Meer hängen. In diesen unzugänglichen Klausen wird der Mönch lediglich dann in seiner Meditation gestört, wenn ihm der Korb mit den notwendigen Dingen für seinen Lebensunterhalt und seine Gesundheit heruntergelassen wird. Wird der Flaschenzug nicht wieder in Bewegung versetzt – als untrügliches Zeichen für den Tod – erklimmt ein nächster Asket die gefährliche Leiter aus mit Ketten verbundenen Steigeisen, um seinen Bruder zu begraben und den unterbrochenen Dialog mit Gott wiederaufzunehmen.

In THESSALIEN werden die Klosteranlagen von HAGIA TRIADA, METEORON und ROUSSANOU von Mönchen geführt, deren Lebensweise und Denken unerschütterlich dem philosophischen Prinzip des »Panta rei« (Alles fließt) widerstehen. Sie selbst sehen sich als Nachfahren der großen byzantinischen Künstler und schaffen in ihren als Werkstätten eingerichteten Zellen »strenge« Bilder von Heiligen, indem sie immer wieder mit peinlicher Sorgfalt die antiken Gesten und die unnachahmliche Einzigartigkeit der Farbkomposition nach den Vorschriften einer tausendjährigen Ästhetik reproduzieren. Diese Menschen bewahren große, stets nur mündlich weitergegebene Geheimnisse und wachen eifersüchtig über Handschriften voll alter Weisheiten und überladen mit bizarren Miniaturen, die zu Tausenden in der dunklen Tiefe der Bibliotheken ruhen.

In einer surrealen Landschaft, hoch oben auf steinernen Türmen, die Staunen und Furcht einflößen, erblicken wir ein weiteres der zahllosen Wunder Griechenlands: die »schwebenden Klöster«. Der Besucher muß am Fuße der riesigen Felsnadel warten, bis das Seilnetz herabgelassen wird, mit dem die Novizen seit Anbeginn zum Gipfel hinaufgezogen werden, wo sie von den Brüdern, die laut betend die Seilwinde drehen, empfangen werden.

Die Verzauberung wird nur gelegentlich unterbrochen von kleinen Ausflüglergruppen, die auf dem Mountain Bike die unwegsame Landschaft erstürmen und verworrene Spuren talwärts zeichnen, oder von begeisterten Bergsteigern, die sich Zentimeter für Zentimeter in die natürlichen Unebenheiten des Felses hineinkrallen und auf dem eintönigen Grau wie bunte Grafitti anmuten.

Weisheit und Frömmigkeit sind die Tugenden, die allgemein den *Griechen* zugeschrieben werden; dies galt schon im Altertum, als die ersten Metaphysiker ihre Lehrsätze aufstellten. So suchte *Thales* die geheimnisvolle Urkraft im Wasser, während *Heraklit* und *Anaximenes* die Vorherrschaft des Feuers sowie die der Luft verfochten. *Anaximandros* wiederum brachte sein Konzept des *apeiron* (des Unbegrenzten) ein. Der Weise von MILET schrieb 600 v. u. Z. auch dem Magneten eine Seele zu, weil der Eisen anzöge und vertrat die Hypothese, daß »alles voll ist von Gott«. In späteren Zeiten, als die »alte« Demokratie immer mehr ins Gerede gekommen war, wurde die Religion die wichtigste einende Kraft für ein Territorium, das auf dem Festland sehr stark durch sein gebirgiges Relief untergliedert und vor seinen Küsten in mehr als 2000 Inseln aufgesplittert war.

Am 21. Mai feiert man miteinander auf HAGIA ELENI, HAGIOS PETROS und LANGADA die Wiederkehr der »Anastenaria«: Die Menschen tanzen mit den heiligen Ikonen auf glühenden Kohlen. Mitte August, zu Mariä Himmelfahrt, erschallen Hymnen und Lithurgien von den IONISCHEN INSELN bis zur ÄGÄIS. Die Geschichte

Das vor kurzem bei Athen errichtete Olympiastadion erlebt hier gerade die Eröffnungsfeier der Leichtathletikeuropameisterschaften.

geizte wahrlich nicht mit Heiligen, Seligen und Märtyrern, die den Kalender füllen und den Anlaß liefern für tagtägliche Feste und Feiern. Jeder und jedes hat einen geistlichen Bezug, auf den sie sich berufen: die Seeleute verehren den *hl. Nikolaus,* die Artilleristen die *hl. Barbara,* ATHEN beruft sich auf den *hl. Dionysius* und THESSALONIKI auf den *hl. Demetrios.*

Das Osterfest ist wohl jenes Fest, welches von den Menschen hier mit der größten Inbrunst begangen wird. Es beginnt am Abend des Heiligen Freitag, wenn die Sterne und die brennenden Kerzen der Gläubigen in leuchtender Prozession den mit Veilchen und Flieder umhüllten *Sepolcro* begleiten. Auf OLYMPOS wird der »epitapios« angefertigt, ein mit hunderten Blüten geschmücktes Kreuz, an das die Fotografien der im vergangenen Jahr verstorbenen Familienmitglieder und die Bitten um ihre Auferstehung befestigt sind; es wird auf dem Friedhof aufgestellt und zum Mittelpunkt des Geschehens, wenn die Christuspassion in der Freitagnacht ihren pathetischen Höhepunkt erreicht, die Frauen ihre Klagelieder zu hemmungslosem Geheul steigern und unter krampfhaften Zuckungen ekstatische Schmerzensschreie ausstoßen. Genau um Mitternacht beginnt auf den Plätzen vor den Kirchen und Kirchlein in Stadt und Land das Fest der Auferstehung. Und wenn das Psalmodieren der Popen verklingt, dann ist die Fastenzeit zu Ende, und man verspeist im Kreise der Familie die *maghiritsa* (Kaldaunensuppe). »Christos Anesti« (»Christus ist auferstanden«) – »Alithos Anesti« (»Er ist wahrhaftig auferstanden«) – so geht die Rede immer und immer wieder zwischen den Tischgenossen, die nach einem eigenartigen Ritual einander die Ostereier aufschlagen, die bunt in der Mitte der traditionellen Osterkringel liegen. Am Heiligen Sonntag wird die Himmelfahrt gepriesen, draußen, unter dem frischen, nach Blumen duftenden Frühlingshimmel, in Tänzen herum um den Spieß mit dem Opferlamm. Einige der Klageweiber haben ihre würdigen dunklen Kleider eingetauscht gegen die buntfarbigen Nationaltrachten aus leuchtender Seide und sich mit großen Halsbändern aus Goldmünzen geschmückt. Ihre Füße wirbeln den *Kalamatianos* oder den *Zamikos,* werden mitgerissen von den Klängen der Klarinette, des *Santouri* (vergleichbar mit einer Harfe) und der Lyra, die ja eine Erfindung des göttlichen – und heidnischen – *Hermes* ist. Von diesem Land gehen tiefe Emotionen aus. Es balanciert zwischen hingebungsvoller Leidenschaft und klugem Rationalismus. Für die Besucher von überallher werden die Worte des Dichters *Seferis:* »Wohin ich auch reise, es empfängt mich Griechenland«, zum Sinnspruch.

PELOPONNES

Unsere Reise führt uns nun in das Reich der Musen aller Poesie – doch nicht auf den PARNASSOS, wohin sie die

Die griechischen Athleten schreiten durch das olympische Stadionrund und schwenken die blau-weiße Flagge ihres Heimatlandes.

römische Legende in den Kreis ihrer Schwestern stellt und auch nicht auf den OLYMP, wo sie mit den *Grazien* und *Horen* auf den Festen der Götter tanzten, sondern nach ARKADIEN, mitten in die Hochebene von PELOPONNES, wo das große Erbe unserer Ahnen bewahrt wird. Während an den Anfängen dieser Kultur die *poietes* mit *Archilochos* für sich behaupten konnten, die leidenschaftlichen Geschenke der Musen zu meistern, vermochten *Kalliope, Erato, Melpomene, Thalia* oder *Polymnia* es späterhin nicht, den Epen, Gedichten, Tragödien und Komödien der Epigonen die gleiche Meisterschaft zu verleihen. Das heiße Temperament des griechischen Volkes, das über vier Jahrhunderte von autoritären Machthabern unterdrückt worden ist, hat schließlich den Damm gebrochen und im Dienste der nationalen Befreiung einen engagierten Intellektualismus freigesetzt. So wurden *Konstantinos Rigas* und *Adamantios Corais* zu Vermittlern der humanistischen – und politischen – Ideale der »Alten«, wie auch *Dionysios Solomos*, der Komponist der »Hymne an die Freiheit«, deren aufrüttelnde Strophen in die Nationalhymne GRIECHENLANDS eingegangen sind und das gedemütigte, doch so wertvolle Nationalbewußtsein wiedererstarken ließen. *Palamas* und *Kavafis, Seferis* und *Kasantzakis* haben das Vermächtnis ihrer Vorväter angenommen, ohne von ihm beherrscht zu sein.

Natürlich wird der Reisende manchen Zauber entzaubert und manche Harmonie zerstört finden: So ist beispielsweise der unerreichbare OLYMP, von dessen leidenschaftlichen Gelagen mit harzigem Wein und Ambrosia die Sterblichen ausgeschlossen waren, heute eine bekannte Skistation. Jedoch in der idyllischen Landschaft ARKADIENS lebt noch die Erinnerung an die hohen, schrillen Töne der Flöte des *Pan*. Weit und breit sind die Hügel von silbrigen Olivenbäumen bedeckt – krumme, knorrige Exemplare, Abkömmlinge von anderen, die im Pflanzgarten der Götter (Altis) eigens für den *Kotinos* gezogen wurden, den »schönen Kranz«, der einst die siegreichen Kämpfer OLYMPIAS krönte. Schon *Ibykos* besang die Honigquitten und die edlen Trauben, die an den Berghängen dieses fruchtbaren Landstriches gedeihen; hier, wo die Hirtendichtung entstand, wo die blendende Sonne *Nymphen* und *Faune* erweckte, finden wir heute ein landwirtschaftliches Zentrum mit bedeutender Tier- und Pflanzenzucht. Saftige Früchte aus ARGOS, Oliven aus KALAMATA und die besondere kernlose Weintraube aus KORINTH decken den Tisch des *Moreaners* (Peloponnesers) wie den des *Rumeliers* (der auf dem Festland lebt) mit mediterraner Vielfalt.

Eine riesige Zahl unterschiedlicher Sehenswürdigkeiten harrt des interessierten Reisenden, der ein beträchtliches Maß an Energie und Zeit mitbringen muß, wenn er die nur durch den schmalen ISTHMUS VON KORINTH mit dem Festland verbundene »Insel der Penelope« näher kennenlernen will. Der Hartnäckigkeit eines *Schliemann* verdanken wir die Gewißheit, daß MYKENE und TIRYNS nicht nur Phantasiegebilde des *Homer* waren. In die »goldreiche« Stadt MYKENE gelangt man durch das LÖWENTOR, dessen jahrtausendealte Mauern, Felsblöcke und Steinquader seit jeher den Fachmann wie den Laien in ehrfurchtsvolles Staunen versetzen. Archäologen und Kunstexperten, Architekten, Ingenieure und Studenten geben sich hier ein – ideelles – Stelldichein, ausgerüstet mit Winkelmesser und Wasserwaage, um dieses Baudenkmal zu betrachten, zu messen und zu bewerten. In dreißig Metern Höhe, abgeschirmt durch Felsüberhänge und Abgründe, barg die Zitadelle mit ihren Bollwerken das SCHATZHAUS DES ATREUS.

Noch mächtigere Mauerringe umgaben das benachbarte TIRYNS und waren dichterischer Rahmen für die »Zwölf Arbeiten des Herkules«: Steinblöcke, die zwanzig

Der Kanal von Korinth wurde zwischen 1882 und 1893 gebaut. Mit einer Tiefe von 80 Metern, einer Länge von 6,3 Kilometern und einer Breite von 23 Metern kann er von Schiffen bis zu 10 000 Bruttoregistertonnen befahren werden. In seiner Grundanlage folgt er Plänen, die bereits aus der Regierungszeit Kaiser Neros stammen.

Der Hafen von Piräus wurde um 482 v. Chr. von Themistokles angelegt und ist seitdem Griechenlands bedeutendster Handelsplatz. Neben dem Haupthafen Kantharos befinden sich noch zwei alte Häfen, Pasalimani und Tourkolimano. Und auf der Höhe von Phalyron werden gegenwärtig weitere Anlagen errichtet, um den Warenumschlag zu erleichtern.

bis dreißig Tonnen wiegen, mit einer Dicke von acht Metern, ragen unverrückbar in den Himmel und bilden einen zyklopischen Verteidigungswall, und ein treffenderes Wort als »zyklopisch« gibt es wohl nicht: Schreibt doch der Mythos dieses »Bauwerk«, den Stolz der ARGOLIS, den einäugigen Riesen zu. Auch *Pausanias* verweilte bei seiner Rundreise durch das klassische GRIECHENLAND tief beeindruckt an diesem Ort und begab sich danach nach EPIDAUROS.

EPIDAUROS

Pausanias berichtet, daß innerhalb des heiligen Bezirkes von EPIDAUROS »kein menschliches Wesen sterben noch eine Frau gebären« durfte, also »genau dieselbe Regel wie auf Delos« galt. Und wie auf DELOS, der heiligen Insel des *Appollon*, mußte jeder Besucher peinlich darauf bedacht sein, diese Vorschriften der *kátharsis* zu respektieren, wenn er sich nicht den Zorn der Götter zuziehen wollte. EPIDAUROS war dem *Asklepios* (einem Sohn *Apollons*) geweiht, dem Wunderheilungen und Totenerweckungen zugeschrieben wurden, ungeachtet der Tatsache, daß in den Säulengängen Scharen von Kranken und Siechen lagerten. Sehr merkwürdig erscheint uns heute die *diagnosi*, die den Kranken im Schlaf mitgeteilt wurde, wenn der Gott erschien, um sein Wunder zu vollbringen, noch eigenartiger mutet allerdings an, daß der Gott auch die Summe nannte, die der Patient für die Heilung zu entrichten hatte.

Das Theater hatte in GRIECHENLAND religiöse Funktion, und so durfte im Heiligtum das riesige elegante Halbrund nicht fehlen – weiß leuchtend im dunklen Grün der Pinien und Zypressen. *Pausanias* preist es als ein Meisterwerk des *Polykleitos*, einzigartig in seiner Größe und architektonischen Schönheit. In einer jüngeren Darstellung wird die Ausführung dieses herrlichen Bauwerkes *Polykleitos dem Jüngeren* zugeschrieben, der ein Jahrhundert später lebte. Die Stufen wurden wohl schon im 5. Jh. v. Chr. in den weißen, porösen Kalk gehauen, und jedes Jahr von Juli bis August braust hier der Beifall der begeisterten Zuschauer, die den Aufführungen antiker Dramen und dem »Festival von Epidauros« beiwohnen.

LAKONIEN

In seiner »Metaphysik« behauptet *Aristoteles*, daß das Streben nach Wissen der menschlichen Natur immanent ist, und so dürfen jene, die ihren Urlaub »dem Wissen« widmen wollen, das nahe LAKONIEN nicht übergehen. Jahrtausende umfassende Geschichte wird »(an)faßbar«, wir begegnen ihr zuweilen ganz unvermittelt in den verstreuten Festungen einstiger venezianischer Herrscher oder auch in den vieltürmigen, in kleinen Dörfern zusammengedrängten Häusern auf der kahlen Halbinsel der MAHNEN, die sich bis zum KAP MATAPAN ins Meer erstreckt. Und man kommt aus dem Staunen nicht heraus angesichts der Originalität hiesigen Bauens – oder sollte man lieber sagen Tollkühnheit? Auf einer Insel unweit der Küste empfängt uns das alte MONEMVASSIA... falls wir es finden. Denn das mittelalterliche Dorf mit seinen Gäßchen, die nur Raum für einen Menschen oder ein Maultier lassen, ist vom Festland aus völlig unsichtbar. Hinter einem hohen Felsen verborgen, reicht es weit ins offene Meer, wo die Etesien, die einst die sarazenischen Galeeren vor sich hertrieben, heute die Boote der Besucher unruhig schlingern lassen. Die Bewohner des kleinen Städtchens MISTRAS lebten in der *byzantinischen Epoche* in Glanz und Reichtum, wenn auch etwas unbequem hinsichtlich ihrer Behausungen: Die Häuser

aus Tuffstein und Ziegeln und die anmutigen orientalischen fünfkuppeligen Kirchen kleben an einem steilen Berghang. Inzwischen nahezu unbewohnt, scheinen sie vom Dickicht der kurzstämmigen Zypressen gerade noch vor dem Abrutschen bewahrt zu werden.

Nur sieben Kilometer weiter zeichnet sich am Horizont die Silhouette des kleinen reichen Städtchens SPARTA ab. Der Ort, an dem *Lykurgos* und *Leokrates* geboren wurden, hat in unserem (Schul)wissen einen festen – teilweise verzerrten – Platz: Mit der Vorstellung von einem Leben in schlichter Einfachheit und eiserner Strenge und von einem Stolz, der *Ikarus* würdig gewesen wäre, und von der ewigen Rivalität zu ATHEN.

Rechts *Der winzige Hafen von Chalkis erstrahlt im warmen Abendlicht.*
Links *Kastelórizon nannte man einst das heutige Megistis, die östlichste Insel Griechenlands, von der aus man die türkische Küste sieht.*

ATHEN

Eigens für diesen sonnendurchtränkten, lebensvollen Ort scheint der Begriff »agoazein« erfunden worden zu sein, der – nicht übersetzbar in andere Kulturen – nur annähernd umschrieben werden kann als ein zielloses Sich-Treiben-Lassen mit der vielfarbigen, vielstimmigen Menge der Stadtbewohner, aufnahmebereit für alles, was »der Markt« an Geselligkeit und Interessantem bietet. Der PLATZ DER VERFASSUNG und DER PLATZ DER EINTRACHT bilden zusammen mit der STADIONSTRASSE, der UNIVERSITÄTSSTRASSE und der STRASSE DER AKADEMIE das pulsierende Herz der Metropole, die sich zwischen LYKABETTOS und AKROPOLIS in einem Netz von zusammenlaufenden, parallelen und sich kreuzenden Straßen entfaltet, um den bunten Strom lauter, lebhaft gestikulierender Menschen aufzunehmen.

Schon 500 v. Chr. charakterisierte *Perikles* seine Mitbürger als Menschen, die ganz einfach die schönen Dinge des Lebens lieben und gern »laut philosophieren«. Und auf dem Weg zur AKROPOLIS, dem wohl hinreißendsten, umfassendsten Sinnbild für den »Athener Geschmack«, lassen auch wir uns ein wenig anstecken von dem extrovertierten Temperament seiner stolzen Bürger. Die PLAKA, die Altstadt, ist der typischste und repräsentativste Teil ATHENS, wiewohl nicht wenige Einheimische seine Vermarktung für den Tourismus beklagen. Wir verweilen bei den improvisierten Aufführungen der kleinen Volkstheater, bestaunen die Leierkästen oder die energischen Marktschreier, die auf schwankenden Karren Pyramiden von Zitrusfrüchten feilbieten. Der Einkauf von Kunsthandwerk, das es hier in großer Vielfalt und ganz unverfälscht gibt, ist wohl eine Pflicht, die der Tourist ungern versäumt, wie auch das »Elf-Uhr-Rendezvous«, um der Ablösung der *Euzonen* vor dem PARLAMENT beizuwohnen, oder die Aussicht vom »Berg der Wölfe«, dem LYKABETTOS. Fleißige Handwerker bearbeiten unentwegt Kupfer, Leder, Wolle und Eisen, formen schwarze Keramiken mit roten Figuren – oder rote Keramiken mit schwarzen Figuren, flechten Matten, knüpfen Teppiche ... immer auch durchdrungen von dem Bewußtsein, an den Stufen zu Hause zu sein, die jedes Jahr von Tausenden von Touristen auf dem Weg zum »heiligen Felsen« erklommen werden. Der vielstimmige Lärm der Stadt wird allmählich schwächer, und wir erreichen die Hochebene aus Kalkstein, auf der sich der »topos« befindet, der Ort, dessen klare Geometrie uns in einer altertümlichen Sprache jahrtausendealten Glauben und Glanz nahebringt. Nun durchschreiten wir das Tor der PROPYLÄEN und betreten das HEILIGTUM DER PALLAS ATHENE. In der Vergangenheit bot sich dem Besucher zu Beginn des Rundgangs der Anblick eines großartigen Bauwerks. Hier befand sich der einzige Zugang zur AKROPOLIS, die mit einem unbezwingbaren Festungsgürtel aus gewaltigen Steinmauern umgeben war. Bei dem vielgereisten *Pausanias* finden wir eine Beschreibung dieses Bauwerkes, das er weit über die Prachtbauten seiner Epoche stellt. Er verweist vor allem auf die »Harmonie und Großartigkeit der Marmorblöcke« und preist den technischen Scharfsinn der Baumeister, die im Inneren der enormen Monolithe, aus denen die Kassettendecke besteht, starke Eisenverstrebungen angebracht hatten. Die strengen und ausgewogenen Formen öffneten sich für die langen Prozessionszüge von Menschen, zu Fuß oder beritten, die Tieropfer mit sich führten, so wie das in dem berühmten FRIES DES PARTHENONS zu sehen ist. »Rechts der PROPYLÄEN befindet sich der TEMPEL DER NIKE. Von hier aus hat man einen schönen Blick auf das Meer, und es war an diesem Platz, so wird berichtet, daß sich *Aigeus* ins Meer stürzte und den Tod fand ...« Die *Periegesen* erinnern an die Sage

Auf den Fischerbooten und am Strand der unweit von Rhodos gelegenen Insel Chalkis werden die geduldig von Hand geknüpften Netze geordnet, bevor es wieder an eine harte Arbeitsschicht geht.

von *Theseus'* Vater, welcher hier seinen Sohn erwartete, der nach KRETA gesegelt war, um den *Minotaurus* zu töten. Berauscht von seinem Sieg, vergaß *Theseus* sein Versprechen, weiße Segel anstelle der schwarzen zu setzen, die sich nun, in Trauer, am Horizont zeigten und den Vater in Schmerz und ins Nichts stürzten. Dieser Mythos vom Ausgleich, eine düstere Metapher von der Vergänglichkeit und Ohnmacht des Menschen, trübt jedoch nicht das Entzükken, das wir beim Anblick des kleinen Tempels mit seinen feinen ionischen Proportionen voller Anmut und Zartheit empfinden.

Von den PROPYLÄEN erstreckt sich ein weiter Platz hin zum PARTHENON, der überragt wird von der unvergleichlichen ATHENE des *Phidias*. Der PARTHENONTEMPEL erhebt sich im Zentrum der AKROPOLIS und dominiert sie, weithin sichtbar, unantastbar in der Flut des südlichen Lichts. Seine – fast schwebende – Leichtigkeit verdankt er einer raffinierten Gliederung, die ihn auf ein leicht gekrümmtes Fundament stellt, auf dem sich die eleganten Säulen unmerklich nach innen neigen. Längst vergangene Zeiten sahen unweit von hier den Wettstreit zwischen *Athene* und *Poseidon* um ATTIKA.

Der Fang des Schwertfisches ist eine der wichtigsten Einnahmequellen für die Schiffsmannschaften der Ägäis.

Der Alltag der Bürger des klassischen Zeitalters wurde erhellt durch die Schönheit, ihr Schicksal bewegt durch eine lebendige Politik. Auf dem AREOPAG, dem Berg des *Ares*, befand sich das Strafgericht ATHENS. Auf der PNYX fanden die Volksversammlungen statt, und unter den Säulengängen der AGORA wetteiferten die Philosophen in der Redekunst und bekräftigten die universalen Prinzipien der Demokratie. Die politische Bedeutung des Stadtstaates stärkte seine Ökonomie und intensivierte seine Importe, was wieder den Ausbau der Hafenanlagen von PIRÄUS voranbrachte. Neben den Kais zur Entladung der Schiffe und den großen Warenlagern entstanden zahlreiche Kreditinstitute, wo geschickte Geldwechsler Darlehen gewährten, Geld und Wertanlagen tauschten und mit Unternehmungsgeist und Reichtum den »Markt« GRIECHENLANDS belebten.

DIE ÄGÄIS

Auf PIRÄUS fühlt man sich durchdrungen von einem süßen Gefühl der Allmacht, und der Anblick der unendlichen ÄGÄIS, der berauschende Salzgeruch und das betäubende Getöse der Wellen drängen uns zu den verschiedensten Unternehmungen. Das Reich der mehr als zweitausend Inseln, von denen einige nur wenig größer sind als eine Felsklippe, andere, größere dagegen alljährlicher Treffpunkt für Neulinge und Stammgäste aus aller Welt, bietet dem Reisenden alle nur erdenklichen Abwechslungen, seien es mondäne Ferienorte oder üppige, beinahe unberührte Natur, oder Kunst und Geschichte – ja, man kann sich gar auf dem Feld der Archäologie versuchen.

KORFU und ZAKYNTHOS, ITHAKA und THYNOS, PATHMOS und CHIOS ... das ist das Grün und Türkis, das die Meeresbuchten füllt und die weißen Sandstrände umspült, oder die schwarzen aus Obsidian, oder die roten, die im Sonnenuntergang glühen, und das tiefe Blau der stillen Nächte. Steigen wir mit *Seferis* an »die Ufer voll nächtlicher Düfte und Vogelgezwitscher«, lassen wir das Wasser durch unsere Hände rinnen und fürchten wir nicht, daß die »Erinnerungen an eine große Glückseligkeit«, die Bilder dieser Insellandschaft im Laufe der Zeiten verblassen und vergehen.

Der DOIDEKANES und die SPORADEN, die IONISCHEN INSELN und die KYKLADEN wiegen sich auf den Wellen wie die Teile eines Puzzlespiels, das wohl den ungeschickten Händen eines Gottes entglitten ist, in Erwartung der Pendelboote aus PIRÄUS. Wie einst *Odysseus* erwartet den Reisenden auf dem heutigen KORFU ein königlicher Empfang. Wir finden hier zwar keine Spur mehr von der früheren Monarchie des *Alkinoos* und seiner schönen Tochter *Nausikaa*, dennoch wird man einer Hof-Atmosphäre teilhaftig – im Palast-Kasino der Kaiserin *Sissi:* Das ACHILLEION heißt all die willkommen, die auf die Göttin mit den verbundenen Augen vertrauen und ihre Abende an den grünen Tischen verbringen, Einsatz um Einsatz wagen. Der Tag vergeht dagegen geruhsam, in den stillen englischen Gärten oder in der Altstadt, im Viertel SAN ROCCO, in dem ein großer Einfluß Ihrer Durchlaucht noch spürbar ist und den ursprünglichen, rauhen Charakter der Heimstatt der *Phaiaken* etwas mildert.

Auf ZAKYNTHOS, der einstigen »Blume des Südens«, hat sich eine Festung erhalten, auf KEPHALLONIA finden wir eine Felsenburg aus dem Jahre 1595 und auf PAXOS und LEFKADA die »Lagunenpaläste« mit ihren matten, von Wind und Salzluft gebleichten Farben. Überall in diesen Breiten hat der »Löwe von San Markos« seine Spuren hinterlassen und diese Inseln vor der griechischen Westküste geprägt. Eine andere Art der Gestaltung haben die KYKLADEN erfahren, die sich wirklich wie in einem »kyklos« (Kreis) um das heilige DELOS scharen. Hier werden *Appollon* und *Artemis* verehrt, die Kinder der lykischen Göttin *Leto*, die der Insel eine Zukunft ohne Fruchtbarkeit prophezeit hatte. Auf der eintönigen kargen Erde erhebt sich unter einem tiefblauen Himmel ein verwirrendes Ensemble aus marmornen Säulen und Statuen. Vom Gipfel des KYNTHOS-BERGES überblickt man die gesamte Anlage: die Löwenterrasse, die Villen mit den herrlichen Mosaiken in den Innenhöfen, die Tempel und den Heiligen See und die Paros, die *Lord Byron* so teuer war, wie auch die Mühlen des nahen MYKONOS.

Daß das Prinzip der optimalen Raumausnutzung unzweifelhaft eine Erfindung der spontanen Architektur der KYKLADEN ist, bezweifelt keiner mehr, wenn er die schon beinahe akrobatischen Überlagerungen der Gebäude auf SANTORIN, der letzten Station unserer Reise, gesehen hat. Hier ist es kaum möglich, irgend jemandem Grundeigentum zuzuweisen, da die Gebäude und Räume sich übereinandertürmen, Dächer zu Terrassen werden und Haustürschwellen zu Rast- und Schwatzplätzchen und ein bildhauerisches, plastisches Ganzes bilden, das von jeder Stelle aus den Blick auf das Meer freigibt. Im Laufe der Jahrtausende wurde SANTORIN immer wieder eine ungewöhnliche Geschichte bescheinigt. Die Historiker siedeln hier die Kultur des antiken THERA an, und die Romantiker suchten hier das ATLANTIS des *Platon.*

Aus den Fresken und Keramiken von THERA sowie aus den Funden von AKROTHYRIS läßt sich eine hochentwickelte *minoische Kultur* erahnen, eine Art unglückliches POMPEJI des Südens. Hier gab es rituelle Stierkämpfe wie im nahen KRETA, in KNOSSOS, MALIDA, PHAISTOS, HAGIA TRIADA. . .

Der weise und hochverehrte König *Minos* ist heute einer der drei Richter in der Unterwelt, das Labyrinth des *Daidalos* hat seine Geheimnisse noch nicht preisgegeben. Noch viele Rätsel warten auf ihre Lösung durch die Reisenden des 20. Jahrhunderts: das wilde ITHAKA, das dorische RHODOS, PATHMOS, wo der *Hl. Johannes* seine Apokalypse ersann, KOS, wo *Hippokrates* die medizinische Wissenschaft begründete – all die vielfarbigen Mosaiksteine des griechischen Inselreiches werden den Wissensdurst jener stillen, die die Lektion des *Ulysses* schöpferisch interpretieren.

Die Ägäis und das griechische Inselreich mit seinen ungefähr 2000 Inseln bieten Strände und Buchten, die eigens dafür geschaffen scheinen, daß sich hier Jachten auf den blauen Wellen wiegen.

ODYSSEVS comet

DIE ERFINDER DER HARMONIE

Um 700 v. Chr. begann die Architektur in Griechenland ihren eigenen Entwicklungsweg, auf dessen Grundlagen das Land vom Peloponnes bis zum Epirus, von Thrazien bis Attika so einzigartig und großartig gestaltet wurde. Die archaische Epoche schuf den Tempel mit abfallendem Dach auf Säulen mit dorischen und ionischen Kapitellen; Zeugnisse dieses Beginns sind der Tempel des Appollon in Korinth, das Heraion in Argos, das Heiligtum von Brauron. Aus der einhundertfünfzigjährigen klassischen Epoche stammen die genialen Harmonien eines Kallikrates, eines Iktinos, eines Mnesikles – Architekten, die Athen verschönten und in Delphi und Olympia, in Megalopolis und Messina Schule machten. Auf der Insel Delos und in der Ortschaft Pella in Mazedonien wiederum überdauerten die herausragendsten Zeugnisse der Korinther Schule, die sich in der hellenistischen Periode unter Alexander dem Großen etablierte. Die römische Epoche endlich baute in Athen, in Philippi und in Korinth unter Hadrian, Augustus, Cäsar, und sie bereicherte phantasievoll die einheimische Architektur durch neue Funktionen, Materialien, Formen und Details.

Oben *Der Palast von Phaistos auf Kreta ist eine der größten archäologischen Ausgrabungsstätten aus der minoischen Epoche. Er befindet sich 60 Kilometer von Iraklion entfernt und wird der Tradition des Radamantes, des Bruders von Minos, zugeschrieben.*
Unten *Das Theater von Dodona, das aus dem 4. Jh. v. Chr. datiert, wurde 1959 freigelegt. Es hat einen Durchmesser von insgesamt 122 m und bietet auf den 21 Stufen 15 000 Zuschauern Platz.*
Rechts *Auf der Insel Naxos kann man das riesige Tor zum Apollon-Tempel bewundern, das einzige Überbleibsel jenes Bauwerkes, das 340 v. Chr. begonnen worden war und unvollendet blieb.*

Delphi – Der Nabel der Welt

An den Hängen des Parnassos befand sich im vergangenen Jahrhundert das Dorf Kastri, abgeschieden zwischen Ölbäumen und wildem Buschwerk, geschützt von rötlichen, im Sonnenuntergang erglühenden Felsen. Im Jahre 1892 begannen französische Archäologen mit Grabungen zur Freilegung der Tempel

»Beim olympischen Zeus, o goldene Seherstadt Delphi,
Fleh ich zu dir im Geleit der Charitinnen und Aphrodites,
Nimm in der hochheiligen Festzeit mich auf,
Den Sangespropheten der Musen . . .«

Pindar

des Apollon. Kastri wurde einen Kilometer westlich der Ausgrabungsstätte neu erbaut, und der Ruf des Ortes verbreitete sich in aller Welt. Phlembaukos und Rhodinos (»der Flammende« und »der Rosenrote«) oder Phaidriaden (»die Leuchtenden«) nennt man die beiden Felsspitzen, die sich in einem Abgrund treffen, aus dem der Kastalische Quell dringt. Dieses Naturschauspiel inspirierte in der Antike dazu, diesen Ort der Verehrung der Mutter Erde, Gäa, zu weihen. Der Mythos berichtet, daß der Drache Python, Hüter des Heiligtums, vom Sonnengott Apollon getötet wurde, der damit den vorausgegangenen Kult verdrängte. Die neue Gottheit, die in Erinnerung an den Kampf mit der Schlange seitdem auch Pynthios genannt wurde, verkündete ihre Prophezeiungen durch den Mund der Phytia, eines jungen Mädchens, das auf einem Dreifuß in der unterirdischen Cella des Tempels saß und abertausende Gläubige anlockte.

S. 34/35 *Das Bild zeigt den Tempel der Athena Pronaia, ein feierliches Bauwerk innerhalb des Heiligen Bezirks von Delphi. Das Heiligtum hatte vor allem vom 8. bis 7. Jh. v. Chr. internationalen Ruf als Zentrum der Diplomatie und als Symbol des Nationalbewußtseins.*

Olympia – die Palästra der Götter

Berge von Säulenschäften und Kapitellen, wahllos angehäuft, brechen Licht und Schatten. Die Betrachtung der Ruinenstätte im heiligen Bezirk von Olympia läßt uns die ursprüngliche Gestalt der Palästra und des Gymnasiums erahnen, läßt vor unserem geistigen Auge den Tempel der Hera, den Zeustempel (der die riesenhafte, von Phidias geschaffene Statue, eines der sieben Weltwunder der Antike, hütete) wiedererstehen, die Schatzhäuser und die Reichtümer, die hier zusammengetragen wurden. Von überallher kamen die Hellenen, um an den Olympischen Spielen teilzunehmen oder sie als Zuschauer zu erleben. Die Spondophores, die heiligen Boten, verkündeten aus diesem Anlaß in ganz Griechenland die »Ekichiria«, die Einstellung jeglicher Feindseligkeit. Das Programm der Spiele umfaßte Laufwettbewerbe, das Diskuswerfen und das Speerwerfen, das Ringen, den Faustkampf sowie Wagen- und Pferderennen. Das riesige Stadion und die zahlreichen für das Training der Athleten bestimmten Bauten waren in Olympia von einer üppigen Natur umgeben. Der Kotinos, jener wertvolle Zweig, der die Sieger kränzte, wurde in der Altis gezogen, einem herrlichen Hain heiliger Olivenbäume.

Die Wunder der Insel der Penelope

In Epidauros, dem Ort der Verehrung des Gottes der Gesundheit und der Medizin, Asklepios, befindet sich ein Theater, das noch heute für seine optimale Akustik berühmt ist. Es ist ausgezeichnet erhalten und faßt mit seinen zwölf strahlenförmig aufgefächerten und in Stufen unterteilten Blöcken bis zu 14000 Zuschauer.

Rechts oben *In die Festung von Mykene gelangt man durch das von beiden Seiten durch mächtige Bollwerke geschützte Löwentor. Das Symbol der Katze, das in der mykenischen Kultur allgemein verbreitet war, findet sich in überdimensionaler Größe über dem Türsturz.*

Rechts unten *Auf dem Hügel von Korinth finden wir im Apollontempel ein wertvolles Beispiel dorischer Architektur. Die strengen monolithischen Säulen, die etwa um 540 v. Chr. errichtet wurden, sind weithin sichtbar.*

Im Labyrinth der minoischen Vergangenheit

Kreta, die größte der griechischen Inseln, besitzt eine herrliche Natur und einzigartige ethnische und historische Sehenswürdigkeiten. Die vielgestaltige Landschaft gründet sich auf eine gebirgige Grundstruktur mit Steilhängen, Abgründen und Grotten. Die Ebene ist fruchtbar und einladend, das Klima lieblich und mediterran. Bereits 2600 v. Chr. wußten zahlreiche Völker die hiesigen günstigen Lebensbedingungen zu schätzen. Aus Kleinasien kommend, landeten sie auf der Insel und vermischten sich mit der einheimischen jungsteinzeitlichen Bevölkerung, die ihrerseits vom afrikanischen Kontinent abstammte. Mit der minoischen Bronze- und Kupferzeit nahm hier die vermutlich er-

ste europäische Hochkultur ihren Anfang. Diese, von einer starken, zentralisierten Wirtschaft getragen, entwickelte ihre eigene Religion und eine überaus verfeinerte Palastkultur. Der wundervolle Palast von Knossos, im Jahre 1900 von Sir Arthur Evans entdeckt, ist mit seiner einmaligen Architektur und den vielfarbigen Wandmalereien beredtes Zeugnis des damaligen Zeitgeschmacks. Desgleichen lassen auch die Paläste von Phaistos, Hagia Triada und Kato-Zakro, die reichen Residenzen von Amnisos und Niru Chani oder auch die Stadtanlage von Gurnia den Betrachter am Mythos und am Leben einer jahrtausendealten, längst versunkenen Zivilisation teilhaben.

Das öde Delos – die Wiege Apollons

Wie die Sage erzählt, gebar Leto auf der Insel Delos den Gott Apollon und die Göttin Artemis. Es wird außerdem berichtet, daß diese Insel im Meer trieb, bis Poseidon sie mit Granitsäulen auf dem Grund verankerte. Delos besaß im Altertum eine bedeutende religiöse Funktion und war Ziel nicht abreißender Pilgerzüge. Seit der Wende des 1. Jahrtausends v. Chr. befand sich hier das Heiligtum des Delischen Apollon. Um das 8. Jahrhundert v. Chr. begannen die kultischen Feste und Wettkämpfe. Geblieben sind die Reste dreier, Apollon geweihter Tempel sowie das Artemision, das seine Schwester ehrte. Dabei läßt sich bis

»Delos: das ist der Spielzeugkasten eines Giganten ...«

Walter Jens

Entlang der Heiligen Straße befindet sich die berühmte Löwenterrasse, auf der, in Marmor gehauen, die wohl ältesten Tierskulpturen der griechischen Kunst zu sehen sind. Die eleganten Katzen stammen aus dem 8. Jh. v. Chr., und seitdem blicken sie auf den Heiligen See herab, der allerdings 1925 zur Bekämpfung der Malaria trockengelegt wurde.

weit in die Römerzeit die Errichtung verschiedener eindrucksvoller Bauwerke verfolgen. Auf der Heiligen Straße gelangt man zu den Propyläen, zum Heiligtum des Dionysos und zum Denkmal der Stiere. Herrliche Mosaiken schmücken das Haus der Tritonen, das des Dionysos, das Haus des Dreizacks sowie das der Delphine und der Masken. Die Ruinenstätte ist vom Gipfel des 112 Meter hohen Kynthos-Berges besonders gut zu überblicken.

Die Ruinen des Hauses der »Poseidoniasten« erinnern noch heute an dessen ehemalige Bestimmung: Hier trafen sich die Händler aus Berytos, dem antiken Beirut.

S. 44/45 *Das Theater von Delos (4. Jh. v. Chr.) beeindruckt auch noch als Ruine.*

DER URSPRUNG DER ZIVILISATION

Die Bewohner der griechischen Inseln wurden über die Jahrhunderte nicht müde, die Schönheit und Harmonie der herrlichen Bauten ihrer Heimat zu preisen. Ihre Architektur entwickelte sich auf der Grundlage der Achtung vor der Natur. Man ersann technische Kunstwerke, um die ungünstige Neigung eines Abhanges zu stützen oder die Stufen eines Theaters mit der Wölbung eines Tales in Einklang zu bringen. Die Griechen haben es verstanden, dem heterogenen Charakter ihres Territoriums Rechnung zu tragen, und sie erreichten das Ideal der reinen Form, indem sie streng darauf bedacht waren, keine gewaltsamen Veränderungen vorzunehmen.

Reisende und Touristen können heute wie zu allen anderen Zeiten das Schauspiel der Stalaktiten und Stalagmiten in der Höhle der Kyklopen auf der kleinen Insel Ghioura (am Skinari-Kap) bestaunen. Auf der Insel Zakynthos kann man mit dem Boot abenteuerliche Fahrten in jene in den Felsen gegrabene Grotten unternehmen, welche viele Fischersagen inspiriert haben. Nicht weniger populär sind die faunistischen Touren, die alljährlich zu einer bestimmten Zeit den Spuren bestimmter Tierarten folgen – zum Beispiel den unzähligen Schmetterlingen, die sich von Juni bis September im Tal von Petaloudes auf Rhodos ein Stelldichein geben und den Himmel in tausend Farben schillern lassen.

Oben *Die mondäne Insel Mykonos neigt sich mit ihren blendendweißen Terrassen und den typischen Holzbalkonen der Ägäis entgegen. Das Labyrinth der engen Gassen des Hauptortes birgt ein interessantes archäologisches Museum sowie ein malerisches Volkskunstmuseum.*

Unten *18 Seemeilen von Rhodos entfernt finden wir den kleinen Hafen der Insel Symis, dessen Bodegas und Tavernen sich in neoklassizistischen Gebäuden um das Amphitheater gruppieren – eine Erinnerung an die italienische Besetzung.*

Rechts *In der Nähe von Lindos präsentiert sich die Küste von Rhodos im spröden und zerklüfteten Felsgewand, das bei den Seefahrern immer wieder Staunen und Bewunderung erregt.*

Zakynthos – die Blume des Südens

Das Blau des Meeres, das Strände, Buchten und Klippen von Zakynthos, der südlichsten der Ionischen Inseln, umspült, scheint die von Botticelli gemalte Legende zu bestätigen, derzufolge aus diesen Wassern die Göttin Venus geboren wurde. Am Strand von Lagana entsteigen regelmäßig andere Geschöpfe dem Meere: Karettschildkröten, die hier ihre Eier ablegen, und die seit alters-her, dem Ruf der Natur folgend, keine Verabredung mit jenem kurzen Strandabschnitt versäumen.

S. 50/51 *Die Felsen der Steilküste im Westen der Insel Zakynthos stürzen direkt ins Meer.*

Im Zauberreich der Serenissima

Die beiden Fotos geben ganz unterschiedliche optische Eindrücke der Ortschaft Kanoni auf Korfu wieder. Das weißgetünchte Gebäude ist das Blacherna-Kloster. Dahinter sieht man Pondikonisi, die »Bootsinsel« – nach der Sage jenes Schiff, mit dem die Phäaken Odysseus nach Ithaka begleiteten und das von Poseidon zu Stein verwandelt wurde.

ΑΓ ΝΙΚΟΛΑΟΣ 849

S. 54/55 *In einem kleinen Hafen auf Korfu warten die bunten Boote darauf, ins offene Meer zu segeln.*
Oben *Im Gebiet von Korakana, im Norden von Korfu, sind die Berghänge von Olivenbäumen und Zypressen bedeckt.*
Unten *Im Landesinnern verbergen sich hinter dichtem Buschwerk kleine Anwesen, in denen man in völliger Abgeschiedenheit leben kann.*
Rechts *Es war wohl der Strand von Palaikastro, an dem der erschöpfte Odysseus landete und wo er von der phäakischen Königstochter Nausikaa geborgen wurde.*
S. 58/59 *Kephallonia, die größte Ionische Insel, erinnert an der Menschen verlorenes Paradies.*

Im launischen Spiel der Etesien

Die Kykladeninsel Mykonos gilt als die griechische Insel schlechthin – das jedenfalls behaupten jene Athener, die vorzugsweise hier ihre Ferien verbringen. Die Cafés und Pubs, die zahllosen Nachtlokale und die typischen Restaurants, in denen die Küchenchefs sich zu jeder Tages- und Nachtzeit verausgaben, haben ihren Ruf weit über die Grenzen verbreitet. Im Hauptort der Insel sind die kleinen Häuser dermaßen in- und übereinandergeschachtelt, daß das Dach des einen die Terrasse des anderen bildet. Die strahlendweißen Mauern werden jedes Jahr neu getüncht, und nur die Kirchen, von denen es auf der Insel so viele gibt wie Tage im Jahr, haben – gewissermaßen als Widerschein des Himmels – blaue Kuppeln. Die religiösen Bauten, von denen viele aus Privatspenden errichtet wurden, sind in Größe und Form sehr unterschiedlich. Am bekanntesten ist wohl die Paraportianikirche, deren Grundfläche auf vier nebeneinanderstehenden Kapellen ruht, die den Heiligen Sostis, Ephstratos, Anagiris und Anastasia geweiht sind.

S. 62/63 *Steht man auf dem Mühlenberg von Mykonos, scheint der Hafen unten von Farben und Geschäftigkeit zu sprühen. Während der Etesien (trockene Nord-West-Winde im östlichen Mittelmeer) jedoch wird das bloße Landen auf der Insel zum schwierigen Balanceakt.*

Blendendweiße Geometrien im Sonnenlicht

Die Architektur des Kykladischen Inselreiches geht bis ins 7. Jahrhundert zurück. Die Stadtkerne konzentrieren sich – der Verteidigung wegen – um die höchsten Felsspitzen, denn im 6. und 7. Jahrhundert waren Überfälle durch türkische Piraten an der Tagesordnung. Das Mauerwerk der Häuser – Stein oder Schiefer – wurde unverputzt gelassen, um den vom Meer kommenden Feind zu täuschen. Erst in Friedenszeiten führte man die typischen Anstriche ein.

CLUB

Farbenspiel von Hellblau bis Türkis

Die Sporaden sind jene verstreuten Inseln, die den südlichsten Archipel der Ägäis bilden. Die nördliche, »ungeordnete« Inselgruppe reicht bis zur Halbinsel Magnesia, während die südlichen »Bruchstücke« sich wohlgeordnet bis Rhodos erstrecken. Diese Inseln, die in der Geschichte und Kunst des Altertums kaum eine Rolle spielten, sind heute bedeutende Ziele für den Bädertourismus und haben in der Wirtschaft Griechenlands ein gewichtiges Wort mitzureden.

Oben *Der kleine Hauptort der Insel Skiathos liegt in einer sanften Bucht an der Südostküste, wo kleine Inselchen die malerische Meereslandschaft auflockern. Die Geschichte des Städtchens ist eng mit der des Festlandes verbunden, von dem es lediglich vier Kilometer entfernt ist.*

Unten und rechts *Auch der auf einem in Terrassen gegliederten Berghang gelegene Hauptort der Insel Skopelos beherrscht eine Bucht. Auf den Fotos kann man jene weißgekalkten Steinziegel, die kreisförmig auf dem Dach einer Kirche angeordnet sind, sehr gut erkennen. Die Inselbewohner entwickelten einen ungeahnten Ideenreichtum bei der Verwendung von Ziegeln und Fliesen, um die Dächer ihrer Wohnhäuser und der Kirchen (von denen es hier übrigens 123 gibt) zu verzieren.*

Ägina, »die Reiche« – Europas erste Münzstätte

Die Geschichte meinte es gut mit Ägina. Etwa aus dem 5. Jh. v. Chr. stammen die ersten zivilisatorischen Zeugnisse; lange Zeit kämpfte die Insel mit dem benachbarten Athen um die Vorherrschaft auf See und schlug 456 v. Chr. die mächtige

ägyptische Flotte. Bereits im Jahre 480 v. Chr. errichtete man auf dem höchsten Punkt der Insel den Aphaiatempel, der allgemein als einer der bedeutendsten Kultbauten der Antike gilt. Zur Erinnerung an die Geschichte und zu ihrer entsprechenden Bewertung wurde ein kleines Museum eingerichtet, das über die Entwicklung von der Jungsteinzeit bis zur Römerzeit Auskunft gibt.

Steile Terrassen an Gäas Flanke

Links *Die Insel Samos war Geburtsort von Epikur, Pythagoras und Polykrates.*
Oben *Wie Homer berichtet, konnte Poseidon von der Insel Samothrake aus die Schlacht um Troja verfolgen.*
Unten *Auf Thasos findet man typische Bauernhäuser inmitten fruchtbarer Landschaft.*

Rhodos – Festung der Ritter vom Heiligen Grab

Unten *Im malerischen Hafen von Mandrakis, dem einstigen Helios, wurden die Seefahrer des Altertums von dem Koloß von Rhodos, einem der sieben Weltwunder, empfangen, bis er 227 v. Chr. durch ein Erdbeben zum Einsturz gebracht wurde.*
Rechts oben *Im zwischen 1440 und 1489 erbauten »Hospital der Ritter«, wo sich heute die Sammlungen des Archäologischen Museums befinden, kann man Funde aus der mykenischen und der römischen Epoche bewundern.*
Rechts unten *Durch das Tor des Meeres gelangt man in die Altstadt, ein wunderbar erhaltenes Ensemble byzantinischer, römischer und türkischer Architektur.*
S. 80/81 *Die bedeutendsten Baudenkmäler von Rhodos befinden sich innerhalb der mächtigen Festungsmauern. Hier führt ein ganzes Netz gewundener Gassen, von Bögen überspannt und mit Strebepfeilern gestützt, zu weitläufigen, im Schatten von Platanen gelegenen Plätzen.*
S. 82/83 *Auf der Akropolis von Rhodos findet man die Reste dreier*

Tempel: den Zeustempel und den Athene-Tempel aus dem 4. Jh. v. Chr. sowie den Apollontempel. Außerdem gibt es ein Theater mit quadratischem Grundriß, in dem in den Sommermonaten die klassischen Tragödien aufgeführt werden, sowie ein kürzlich restauriertes Stadion.

MARINER
ΧΑΡΑ Λ Ρ1249

40
SUZUKI
VICTOR

Nur wenige Kilometer westlich vor Rhodos liegt die kleine rechteckige Insel Chalkis. Ihre quadratischen Häuser wirken auf alle, die sich per Schiff nähern, wie eine gemalte kubistische Phantasie.

Zwölf Anlegeplätze an die Legende

Links *Ein tiefer Einschnitt teilt die Küste der Insel Kalymnos, die vor allem wegen der Naturschwammfischerei bekannt ist.*

Rechts *Astipaläa gehört – streng geographisch gesehen – eigentlich zu den Kykladen, aufgrund seiner Geschichte untersteht es jedoch dem Verwaltungsbereich von Dodekanes. Die mächtige Festung auf der höchsten Erhebung der Insel erinnert an die Venezianer. Unterhalb dieser steinernen Krone schmiegen sich die Wohnhäuser an den kahlen Berghang.*

»Die Reise nach Griechenland ist von allen Reisen, die wir unternehmen, die geistigste.«

Hugo von Hofmannsthal

Die beiden Aufnahmen zeigen die Zitadelle von Kore auf der Insel Pathmos. Diese kleine schweigsame Insel inmitten einer geschäftigen Welt ist ein Reich von Klöstern, Kirchen und Kapellen zur Verehrung des Hl. Johannes. Die Überlieferung berichtet, daß der Heilige hier in einer Grotte den prophetischen Text der Apokalypse (2. Jh. n. Chr.) verfaßte.
S. 90/91 *Der gleichnamige Hauptort der Insel Simi liegt in einer ruhigen Bucht an der Nordküste. Die Häuser des Hafenstädtchens schmiegen sich im Halbkreis an den Berg.*
S. 92/93 *Wie das Bild eines Vedutenmalers aus dem vorigen Jahrhundert wirkt diese Impression von der Insel Karpathos.*

Das Land, wo Milch und Honig fließen

Kreta, die größte griechische Insel und nahezu gleichweit entfernt vom Peloponnes, den Kykladen, Rhodos und Libyen, war Schmelztiegel von Kunst und Kultur. Von der minoischen Epoche zeugen die Überreste der Paläste von Knossos, Phaistos, (Kato-)Zakro, Hagia Triada. In Gortyn und Laton werden die Ruhmesblätter der griechischen Antike und der Römerzeit wieder lebendig. Bei Krista in der Kirche der Hl. Panagia wie in der Kirche von Aghios Titos überdauerten herrliche Malereien der Byzantiner. Die Republik Venedig hinterließ Befestigungen, mächtige Gebäude und den Morosinibrunnen in Iraklion. In einigen Moscheen stößt man auf geheimnisvolle türkische Goldornamente.

Links *Um der türkischen Belagerung standzuhalten, verwandelten die Venezianer Iraklion in eine Festungsstadt.*
Bis heute kann man diese Bauten im Venezianischen Hafen bewundern.
Rechts *Die kretischen Küstenlandschaften sind von unvergleichlicher Schönheit.*

S. 96/97 *In den malerischen Tavernen von Rethimnon, zwischen Iraklion und Chania am Meer gelegen, speist man bei romantischem Kerzenschein.*

FURUNO
PAGANINI R. AP.9

TAVERNA-HELONA
TAVERNA MOURAGIO MARIA
PORTO VENEZIA
club Odisseas
BAR
TAVERN VASSILIS

Die von den Göttern umkämpfte Stadt

Die Geschichte berichtet von Kämpfen um Land und Meer und Macht zwischen Athen, Sparta, Theben oder Ägina. In der heutigen Politik (nach der wiedergewonnenen Demokratie) konzentriert sich alles auf die Hauptstadt. Anfang des 9. Jahrhunderts war Athen nichts weiter als eine etwas vernachlässigte, unbedeutende Provinzkommune. Die moderne Hauptstadt stammt aus der Regierungszeit Ottos I. (1834—62). Das Konzept für die Gestaltung der öffentlichen Anlagen, Gebäude und Straßen erarbeitete eine internationale Architektengruppe, in der zwei Deutsche, zwei Dänen, ein Franzose und ein Grieche mitwirkten.

Oben *Der Jachthafen von Athen bietet ein farbenfreudiges Bild.*
Unten *Das moderne Olympiastadion wurde an jenem Platz errichtet, an dem sich einst jene Anlage befand, wo in der Antike die Olympiaden bestritten wurden.*
Rechts *Das Dionysos-Theater ist einer natürlichen Bodensenke angepaßt. Hier fanden die ersten prunkvollen Aufführungen der drei großen Dramatiker Attikas statt: Sophokles, Euripides und Aischylos.*

Der Hadriansbogen, das Stadion, das Olympion, der Keramikon... Athen ist riesengroß, und die klassischen Bauten, die berühmten Zeugnisse der Vergangenheit garantieren erschöpfende und atemberaubende archäologische Wanderungen. Jeder Athener würde eine andere, seine persönliche Route empfehlen: Der eine würde uns vielleicht auf die Universitätsstraße aufmerksam machen, wo sich nebeneinander drei neuklassizistische Gebäude befinden: die Nationalbibliothek, die Universität und die Akademie. Ein anderer, und besonders am politischen Leben in Vergangenheit und Gegenwart interessiert, führte uns sicher zur Agora, wo einst tagtäglich über die Geschicke der Polis entschieden wurde, zum Metroon, wo sich die öffentlichen Archive befinden, zum Buleiterion (dem Senat) und wohl auch nach Tholos, wo einst 50 Senatoren auf Staatskosten wohnten.

Alle, ohne Unterschied, würden jedoch mit Sicherheit den Besuch der Akropolis empfehlen, den Stolz Athens, der alle Vorstellungen übertrifft. Das die Stadt beherrschende Kalkplateau ist seit mehr als 3000 Jahren Ziel von Eroberern wie von einfachen Reisenden gewesen. Diese Gipfelleistung antiker Baukunst stammt von Perikles, jenem berühmten Athener Staatsmann, der um 454 v. Chr. die Skulpturen und Anlagen aus weißem pentelischen Marmor (nach dem damaligen Zeitgeschmack rot, blau oder golden bemalt) stiftete und die während der persischen Besetzung zerstörte »Hochstadt« neu errichtete.

S. 102/103 *Der Parthenon ist mit 92 Metopen verziert, die mythologische Schlachten darstellen. An der Frontseite befanden sich 44 Skulpturen, und der insgesamt 160 Meter lange Fries zeigt in allen Einzelheiten den Festzug der Großen Panathenäen.*

Der Name Parthenon bedeutet »Saal der Jungfrau«; anfangs bezog er sich nur auf einen Bereich innerhalb des Athene-Tempels, mit der Zeit stand er für die gesamte Anlage. Das auf einem älteren Fundament zwischen 447 und 432 v. Chr. errichtete Bauwerk erlebte mehrere Plünderungen und Zerstörungen. Im Jahr 1460 wurde es sogar in eine Moschee umgestaltet, wobei man noch ein Minarett hinzufügte (das in der Folgezeit wieder abgerissen wurde). 1687 flogen das Tempelinnere und 28 Säulen in die Luft, als die Geschütze der venezianischen Flotte das Schießpulver trafen, welches die Türken unvorsichtigerweise hier gelagert hatten.

Dieser dem Zeus geweihte Tempel entstand nach dem Willen Hadrians und nahm mit einer ursprünglichen Grundfläche von 108 × 41 m den ersten Rang in Europa ein. Auch die 104 korinthischen Säulen, die später von den Genuesern und Venezianern geplündert wurden, hatten auf dem Kontinent nicht ihresgleichen. Nur siebzehn von ihnen sind geblieben, dreizehn wiederum bewahrten ihre Architrave.

Das aus dem 5. Jh. v. Chr. stammende Dionysos-Theater mit seiner an den Hang der Akropolis gebauten Bühne hat 67 Sitzreihen, die bis zu 17 000 Zuschauer fassen können. Die besten Plätze sind besonders geschmückt. Auch sind die Ämter der Personen, für die sie bestimmt waren, in ihnen eingeritzt. Der Ehrenplatz in der Mitte war für den Priester des Dionysos bestimmt.

Die Hauptstadt der neugewonnenen Demokratie

Die Stadt erstreckt sich zwischen zwei Höhenzügen, dem Lykabettos und der Akropolis; sie umfängt diese und entfaltet sich dann zum Meer (mit dem antiken Phaleron und Piräus) hin. Das Leben im Zentrum pulsiert zwischen zwei Polen: der Platia Syntagma (Platz der Verfassung), wo der einstige Königspalast steht (heute Sitz des Parlaments), und der Platia Omonia (Platz der Eintracht), von dem fächerförmig drei Magistralen ausgehen.

Die Helden des Unabhängigkeitskampfes

Auf der Platia Syntagma (Platz der Verfassung) befindet sich gegenüber dem Parlament das sogenannte Milite Ignoto, vor dem (so wie in vielen europäischen Hauptstädten) die feierliche Wachablösung stattfindet. Besonders hervorzuheben ist die traditionelle Kleidung der Euzonen, wie diese griechischen Elitesoldaten genannt werden: die weichfallende Tunika, die schneeweißen Strumpfhosen, die reichbestickte Weste und der rote Fez, vor allem aber die Schuhe mit den gebogenen Spitzen.

»Wenn ich ein Dichter bin,
hat mich die Luft Griechenlands dazu gemacht.«

Lord Byron

Vom Land zum Meer – die Düfte des Mittelmeeres

Kabeljau und Meerbarbe, Thunfisch und Seezunge, Langusten, Miesmuscheln, Krebse, Tintenfische und köstliche Riesenkraken zieren die Tafeln in den südländischen Restaurants, den Garküchen und den malerischen Tavernen von Mazedonien bis zum Peloponnes, von den Ionischen Inseln bis zu den Sporaden. Nun können allerdings die mit riesigen Mengen an Fisch und Fischprodukten überladenen Verkaufstische in der Athener Markthalle nicht darüber hinwegtäuschen, daß in der Wirtschaft des Landes der Fischfang einen immer geringeren Raum einnimmt. Rigorose Ausbeutung hat die Meeresfauna verarmen lassen, und das Volk der Fischer ist bereits auf Importe angewiesen. Ganz anders sieht es mit der Landwirtschaft aus, die ein Grundpfeiler des griechischen Außenhandels ist. Oliven, Wein und Honig sind schon seit sehr langer Zeit Grundlagen einer stark türkisch beeinflußten gastronomischen Kultur.

DER KULT DES »WAHREN GLAUBENS«

Griechenland hatte schon immer eine besondere Beziehung zur Metaphysik. Ihr verbundenes Denken verflicht Festland und Inseln und hat große Bedeutung für die nationale Identität. Heilige und Selige füllen den orthodoxen Kalender, vervielfachen die Gelegenheit zu feiern: Zur Wiederkehr des San Spiridone lohnt sich eine Pilgerfahrt nach Korfu. Das Fest der Madonna wird auf Paros mit Fisch und Wein begangen, auf Siatistas mit Reiterspielen. Der Fluß der Prozessionen im Zeichen des Herrn fließt unablässig, und in der Heiligen Nacht intonieren die Chöre im ganzen Land die Lieder der »Kalanda«. So fällt es schwer, jenen »Kassandras« zu glauben, die einen stetigen Verfall der Werte sehen.

Links *Die Klöster Sografu und Dokiaron liegen an der Südwestküste der Halbinsel Athos. Im ersteren, das auf dem oberen Bild zu sehen ist, herrscht das Prinzip eines Lebens in strenger Gemeinschaftlichkeit, während das zweite, unten abgebildete nach dem Prinzip der Idiorrhythmik funktioniert, die, außer dem gemeinsamen Gebet, die Mönche ihr Leben sehr individuell gestalten läßt.*
Rechts *Am Tage des Herrn bewegt sich vom Iwiron-Kloster her ein langer Prozessionszug, der eine alte Ikone mit der Darstellung der Maria vom Siege mit sich führt.*

Hinauf gen Himmel – daß der Geist sich erhebe

Nach altem Volksglauben standen aus fernen Sternenwelten kommende Meteore am Ursprung jener riesigen Felsnadeln, die Himmel und Erde zu verbinden scheinen. Es war jedoch das Meer, das einst die Ebene bedeckte und diese surrealen Skulpturen modellierte, durch die sich spiralförmig eine Straße hinauf zu einigen Gipfeln windet. Seit dem 14. Jahrhundert stehen auf diesen vierundzwanzig Felsnadeln Klosteranlagen. Asketen und Besucher wurden früher mit einem handbetriebenen Seilzug nach oben befördert. Heute

werden diese Vorrichtungen nur noch zum Transport der Versorgungsgüter benutzt. In den 20er Jahren unseres Jahrhunderts begann man, in die Felsen tiefe Treppenschluchten zu graben, die bis zur Straße führen. Nur sechs Klöster haben sich bis heute als Zeugen eines Lebens in Gebet und Entsagung erhalten.

In dieser Gesamtansicht bietet sich die thessalische Landschaft der »Schwebenden« in ihrer atemberaubenden Einzigartigkeit dar.

Rechts *Das 1517 erbaute Varlaam-Kloster beherbergt heute ein sehr umfangreiches Museum über das Klosterleben sowie eine gutbestückte Bibliothek.*

Die orientalischen Kuppeln von Mistra

In Lakonien, sieben Kilometer von Sparta entfernt, liegt das Städtchen Mistra am Fuße eines Hügels, auf dem sich vom 9. bis zum 16. Jahrhundert eine mächtige Festung befand – Wohnstätte byzantinischer Fürsten und Zentrum von Literatur

und Philosophie. Die den Abhang säumenden spätbyzantinischen Bauten, die nach der türkischen Besetzung nur noch Ruinen waren, wurden im 19. und 20. Jahrhundert zum größten Teil rekonstruiert. Dazu gehört auch das Kloster Peribleptos, das sich seit der zweiten Hälfte des 15. Jahrhunderts an den Berghang schmiegt. Seine Gewölbe und Außenmauern sind reich mit wertvollen byzantinischen Wandmalereien geschmückt.

Die Mönchs-republik

Nach dem Glauben der hiesigen Mönche wurde die Jungfrau Maria auf ihrem Weg nach Kypros zum heiligen Lazarus von den Winden zum Athosberg getragen... Entzückt von diesem Platz, erklärte die Jungfrau den Berg zu ihrem Garten und untersagte jedem weiblichen Wesen den Zutritt. Kaiser Constantin IX. erließ 1080 ein Edikt, demzufolge »Frauen, weibliche Tiere, Kinder, Eunuchen und Bartlose« vom Athosberg verbannt waren. Sogar Schiffe, die Frauen an Bord hatten, mußten 500 Meter von jenem Ufer entfernt ankern, wo die bärtigen Anhänger des hl. Athanasios (er hatte sowohl die Anlage gegründet als auch die Regeln des Klosterlebens bestimmt) lebten. Die Klöster haben einen quadratischen Grundriß und bestehen aus zwei Etagen, einer steinernen und einer hölzernen. In der Mitte des Innenhofes steht das Katholikon, die Kirche, in der sich die Gemeinschaft zu gemeinsamen religiösen Verrichtungen sammelt. Ein Teil der Mönche hat sich in die auf 518 Quadratkilometer wilder Vegetation verstreuten Einsiedeleien zurückgezogen, andere leben in winzigen Gemeinschaften, Skythes genannt. Die Republik leidet an einer unaufhaltsamen »Entvölkerung«, da es nur noch wenige Berufungen gibt und sehr selten ein Novize ans Klostertor pocht.

Oben *Das Dokiaron-Kloster an der Westküste ist eines von acht, in denen das idiorrhythmische System gilt, d. h. der Mönch kann sein Leben nach einem individuellen Rhythmus leben und hat auch die Möglichkeit, in die völlige Abgeschiedenheit zu gehen.*
Unten *Das Kloster Simonos Petra gehört zu jenen zwölf Klöstern, in denen sich das Gemeinschaftsleben nach zönobitischen Regeln vollzieht, d. h. alle Verrichtungen müssen gemeinschaftlich erfolgen.*
Rechts *Ein Mönch führt die Pferde, die man zum Transport der Versorgungsgüter hält, zur Tränke.*

»... Gesungen hab ich,
Kann schlafen,
Gehofft hab ich,
Will wiederkehren.«

Ernst Bertram

Seit 1977 haben die orthodoxen Laien die Möglichkeit, die Klosterrepublik Athos zu besuchen und hier maximal vier Tage zu verbringen. Der Fremde, der an solch einer ungewöhnlichen Erfahrung interessiert ist, benötigt dafür ein Schreiben des griechischen Außenministeriums. Pro Tag werden allerdings nicht mehr als zehn Genehmigungen erteilt. Eine solche Einkehr ermöglicht die Fühlungnahme mit einem Leben nach strengen religiösen Vorschriften und den Einblick in die vielfältigen Pflichten, denen die Mönche unterworfen sind. In der Vergangenheit hatte jeder Mönch nur eine ganz spezielle Aufgabe zu erfüllen. Heute sind dies mehrere, da es an Nachwuchs fehlt.

Von einem goldenen Heiligenschein umgeben

Der Himmel auf den Wandgemälden stellt in der byzantinischen Ikonographie in der Regel den Tempel der Heiligen dar. Hier Bilder aus der Kirche des Iwiron-Klosters.